AF324779

L'ÉLÈVE DE LA NATURE,

OU

LE NOUVEAU PEUPLE,

PANTOMIME EN TROIS ACTES,

Ornée de luttes, combats, évolutions et ballets.

DU C. CAMAILLE SAINT-AUBIN.

BALLETS DU C. BLONDIN.

Représentée, pour la première fois, sur le théâtre de la Cité,
le 26 brumaire an IX.

A PARIS.

Se vend au théâtre de la Cité.

AN NEUVIEME.

PERSONNAGES.	ACTEURS.
AMAZIS, *Persan*,	Le C. GOUGY, *jeune*.
EVOGARE, *Arabe*,	Le C. LAFITTE.
ZAMORE, *Persan*,	Le C. GOUGY, *l'aîné*.
OSMAN, *Patriarche arabe*,	Le C. SAINT-MARTIN.
OZÉIME, *femme d'Amazis*,	Melle. MAUCASSIN.
DÉLY, *enfant d'Amazis*,	La petite HILLER.
IRZA, *femme arabe*,	Melle. JULIE-PARIZET.
PATRIARCHE PERSAN,	Le C. BAROTEAU.
AZAKA, *Chef Nègre*,	Le C. ACH.
LUTTEURS et COMBATTANS,	Le C. ACH. Le C. NIEPS. Le C. ROLAND.
ARABES, PERSANS, *des deux sexes*. NÈGRES,	

D A N S E.

L'ÉLÈVE DE LA NATURE,

OU

LE NOUVEAU PEUPLE.

ACTE PREMIER.

Scène agreste ; le soleil se lève.

SCENE PREMIERE.

Une troupe d'arabes et de persans s'occupe à dresser en fleurs un amphithéâtre ; les étendards des deux peuplades sont placés de chaque côté : on distingue la statue du dieu Teutatès ; près d'elle un trône en verdure, un sceptre fait en charmille, une couronne delaurier ; au bas cette inscription : QUE LE PLUS DIGNE GOUVERNE.

SCENE II.

Irza, femme de secte arabe, arrive à la tête de quelques femmes arabes, et met au-dessous de l'étendard arabe le nom d'EVOGARE.

Une femme de la secte persanne écrit au bas de l'étendard persan : AMAZIS.

Irza s'occupe de son amour ; elle va appeler Zamore, esclave persan, lui reproche son peu d'activité, et lui montre l'autel et l'amphithéâtre. Caresses amoureuses.

SCENE III.

On entend du bruit; c'est Evogare avec des soldats arabes et quelques éthiopiens : les persans fuient. Signe de mécontentement de Zamore, à la vue des arabes.

La secte arabe se prosterne aux pieds d'Evogare ; celuici après avoir regardé les deux noms inscrits, méprise celui du persan, et annonce avec fierté que le sceptre lui appartient : ses soldats répondent par des signes approbatifs. Irza, étonnée de tant d'orgueil, semble être fâchée d'être née dans cette secte ; Evogare renvoie tout le monde, et retient Irza ; il lui fait l'aveu de son amour ; Irza surprise refuse les offres de partager l'empire avec Evogare.

SCENE IV.

Un bruit lointain se fait entendre, Evogare se retire, et laisse apercevoir à Irza que, si elle ne répond pas à ses vœux, il saura la punir. Irza lui dit qu'elle préfère à Evogare, tout riche qu'il est, son cher Zamore.

SCENE V.

Zamore paroît, annonce à Irza l'arrivée d'Amazis ; celuici vient entouré de sa peuplade qui, en lui montrant son nom inscrit sur l'étendard persan, le presse d'accepter le pouvoir suprême.

Amazis refuse, et dit que, dans son humble cabane, il jouit de la tranquillité ; on insiste, Irza et Zamore sont à ses pieds avec la peuplade. Amazis court chercher sa femme et son enfant, les montre à la peuplade, et rentre avec eux.

SCENE VI.

Une marche majestueuse retire les persans de leur situation : des patriarches de chaque secte ouvrent la marche sur une même ligne. Viennent ensuite les soldats arabes et les persans ; suivent des hommes, femmes et enfans de chaque nation, Evogare et d'autres chefs.

Lorsque la marche est arrêtée, les vieillards font avancer les candidats ; plusieurs de chaque peuplade se présentent ; le plus ancien des vieillards s'apprête à les interroger sur leurs droits au pouvoir, lorsque Zamore se présente et fait apercevoir que l'homme élu par sa nation, Amazis, n'y est pas.

On l'envoie chercher ; indignation d'Evogare, qui s'entend avec Osman, patriarche du parti arabe. Celui-ci contient Evogare On amène Amazis, sa femme et son enfant, sur l'ordre des vieillards de se présenter comme candidats. Il immole ses goûts à l'intérêt de la patrie.

Joie parmi sa nation. Le vieillard fait apporter le livre de la loi ; les candidats jurent d'être soumis Il demande à Evogare quels sont ses droits. Evogare fait avancer des esclaves, portant des trophées, des richesses et des rois enchaînés, et un bouclier avec ces mots : LA GUERRE, LA VICTOIRE ET L'IMMORTALITÉ.

Cri partiel d'approbation. Amazis s'avance, et, sur la demande des vieillards, paroissent des femmes avec des épis de bled, des fleurs, des tableaux, un pénate portant pour inscription : LA PAIX, LES ARTS ET L'ABONDANCE.

Enthousiasme général. Les vieillards se consultent, et leur jugement est en faveur d'Amazis.

Les vieillards ordonnent des luttes ; Amazis est vainqueur ; Irza et chaque peuplade, pendant le combat, s'intéressent pour les combattans ; Irza pour Zamore particulièrement et pour Amazis.

Les vieillards accordent le sceptre à Amazis, qui est proclamé par tous les habitans.

Evogare lui-même l'en félicite, l'embrasse ; mais, de côté, lui lance des regards foudroyans ; Zamore s'en aperçoit, et frémit ; Irza lui fait signe de ne rien témoigner ; Evogare est maintenu par Osman, qui, d'une manière hypocrite, l'engage à se retirer ; Evogare prend congé des vieillards, ordonne à ses soldats et à sa peuplade de le suivre, et sur-tout à Irza ; Irza, forcée d'obéir, témoigne ses regrets à Zamore, et lui envoie des baisers.

SCENE VII.

On célèbre par des danses le triomphe d'Amazis.

SCENE VIII.

Un bruit considérable trouble la fête ; Irza accourt toute éplorée, et vient annoncer qu'Evogare s'avance avec une armée formidable ; Amazis range ses soldats, ordonne aux femmes de prendre des arcs, et attend Evogare.

Il paroit, ordonne aux vieillards de le reconnoître pour chef, et à Amazis de mettre bas les armes. Combat : Evogare est vainqueur ; Amazis, sa femme et son enfant et les vieillards vont périr ; Zamore se met au-devant d'Amazis ; Irza d'Ozéime ; un enfant arabe protège l'enfant d'Amazis, et tout le peuple les vieillards.

TABLEAU.

Amazis implore la grace des vieillards, de sa femme et de son enfant, en demandant la mort pour lui seul ; les arabes refusent ; mais Irza se jette aux pieds d'Evogare, le caresse et implore leur pardon ; Evogare cède aux instances d'Irza, à condition qu'elle sera à lui ; Irza promet tout, et console Zamore, en lui disant que la pitié n'est pas de l'amour.

Evogare fait retirer ses soldats, charger de chaînes Amazis et les vieillards, les fait passer devant lui ; Amazis est soutenu par Zamore ; Ozéime par Irza ; les enfans suivent. Evogare fait mettre le feu à l'autel et à la cabane d'Amazis. La flamme dévore une partie de la forêt ; Evogare fait contempler ce tableau à Amazis et à sa famille. La troupe défile et la toile se baisse.

FIN DU PREMIER ACTE.

ACTE SECOND.

Jardins agréables, avenues ornées de statues,
lits de repos en gazon.

SCENE PREMIERE.

Des groupes d'arabes et d'éthiopiens en sentinelle au loin.

SCENE II.

Osman est couché nonchalamment sur un trône de fleurs ;
des jeunes filles blanches arrosent des plantes ; d'autres sou-
lèvent la tête du moine qui se réveille voluptueusement.

SCENE III.

Des éthiopiens présentent leurs enfans à Osman, qui con-
voite de l'œil les jeunes filles , et lève les mains au ciel ,
comme pour lui offrir le vœu des habitans.

SCENE IV.

Marche guerrière ; arrivée d'Evogare , de soldats arabes ;
les éthiopiennes, parées dans le plus grand éclat, vont au-
devant de lui ; des trophées d'armes les précèdent ; une mu-
sique guerrière annonce un triomphateur.

SCENE V.

Evogare paroît ; des coussins garnis d'or sont déposés sur
un côté de la scène.

SCENE VI.

Osman se lève et va pour descendre ; aussitôt des éthio-

piens se couchent par terre, et Osman marche sur leurs dos ,
pour aller jusqu'à Evogare ; il est soutenu par des femmes.

SCENE XVI.

Evogare se prosterne avec ses arabes aux pieds d'Osman ;
ils se relèvent ; Evogare présente à Osman Amazis et sa famille.

SCENE VIII.

Amazis marque son indignation contre un tableau aussi
fanatique ; Zamore et Irza lui font signe de montrer de la
prudence.

SCENE IX.

Irza va prendre place auprès d'Evogare ; elle a toujours
les yeux sur Zamore.

SCENE X.

Osman regarde avec mépris Amazis et les persans enchaînés ; mais il s'adoucit en voyant la femme d'Amazis ;
il caresse l'enfant , et le remet entre les mains des éthiopiens.

SCENE XI.

Evogare, pour prouver à Osman et aux autres arabes
qu'Amazis est son esclave , ordonne à ses éthiopiens de
détacher ses fers , et d'apporter un coussin ; il lui com-
mande ensuite de baiser son pied ; étonnement des persans ;
indignation d'Amazis , qui est prêt à refuser ; mais il est encouragé par Zamore , et par la présence de sa femme et de
son enfant, qu'il peut perdre par son imprudence ; il se
baisse , les regarde ; sa lèvre touche presque le brodequin ;
Zamore se laisse tomber , soutient la jambe d'Evogare , repousse la main d'Amazis, et baise lui-même le brodequin ,
tandis qu'Evogare répond aux sollicitations d'Osman sur la
beauté de la femme d'Amazis, et que, soutenu par des blancs,
il montre l'action servile d'Amazis, qui est encouragé par sa
femme et son enfant.

SCENE XII.

Amazis tend les bras à Zamore ; joie parmi les persans d'avoir vu épargner à leur chef une si cruelle humiliation ; Evogare ordonne à Amazis de sortir et d'obéir comme ses autres esclaves à tous ses ordres ; Amazis sort , regarde sa femme en soupirant et emmène son enfant ; sa femme s'occupe à la dérobée d'Osman ; de l'autre côté , Zamore jette les yeux sur Irza , et fait signe à la femme d'Amazis qu'il ne les abandonne pas.

SCENE XIII.

Evogare ordonne aux guerriers de se préparer à fêter sa victoire ; il embrasse Irza , ordonne à ses arabes de lui obéir comme à lui-même , et lui donne un bandeau royal , en signe de sa volonté ; tous lui rendent hommage ; Zamore survient , est étonné de la conduite d'Irza ; Irza accepte le bandeau royal , baisse le front , mais regarde Zamore en lui marquant que c'est pour lui qu'elle se prête à la volonté d'Evogare.

SCENE XIV.

On danse ; tous les soldats vont déposer leurs armes aux pieds d'Evogare , d'Osman et d'Ozéime.

SCENE XV.

On entend une trompette ; un chef arabe vient dire à Evogare que sa présence est nécessaire au-dehors ; tout le monde se retire ; Osman emmène de son côté la femme d'Amazis.

SCENE XVI.

Irza examine s'ils sont éloignés ; elle vient caresser Zamore qui la repousse avec mépris , lui montre le bandeau royal et les bijoux qu'elle a reçus d'Evogare ; Irza , après plusieurs caresses , jette les bijoux , et tombe aux pieds de Zamore ; celui-ci la relève , et lui indique que si elle veut se débarrasser de ses atours , dont le luxe accuse son innocence , il sera tout à elle ; Irza s'enfuit avec joie , en lui disant qu'il va être satisfait.

B

SCENE XVII.

Zamore suit Irza qui traverse le théâtre ; il voit en se retournant Osman tenant la femme d'Amazis , et en témoigne son indignation.

SCENE XVIII.

Osman lui ordonne de sortir ; il avoue son amour à la femme d'Amazis ; et sur le refus qu'il en essuie , il veut prendre un baiser ; Amazis, sorti d'un bosquet, l'arrête et va le percer d'un coup de poignard ; sa femme le retient.

SCENE XIX.

Osman , furieux , rappelle les éthiopiens , leur ordonne de tuer Amazis ; on le sépare de sa femme , on l'attache à un arbre , on va tirer de l'arc sur lui ; Zamore vient avec l'enfant lui faire un rempart ; Osman insiste.

SCENE XX.

Irza, accourt , réclame le droit de le faire périr elle-même avec plus d'appareil (étonnement général) ; elle montre le bandeau royal qui le lui permet ; elle saisit un poignard, le met sur le cœur d'Amazis , fait marcher à sa suite sa femme et son enfant ; mais en passant elle lui serre la main , la porte à ses lèvres , et regarde vivement Osman en affectant la plus grande fureur contre Amazis.

SCENE XXI.

La générale bat ; Osman est effrayé , il retient près de lui des soldats arabes ; Irza ordonne aux éthiopiens de ne pas le perdre de vue , et feint de les menacer s'ils le laissoient échapper.

SCENE XXII.

Evogare paroît avec son armée ; Osman est invité à bénir les armes ; Evogare , les arabes et les éthiopiens se mettent à genoux , et Osman invoque le ciel avec hypocrisie ; cependant, Irza annonce à Zamore qu'elle va exécuter un dessein , à l'instant où Osman va se retirer ; elle s'avance vers Evogare, et lui dit qu'un vertueux patriarche, comme Osman, doit marcher à la tête de l'armée pour la rendre invincible ; Osman tremble de tout son corps ; toute l'armée le prie ; on lui remet un sabre ; il se décide en maudissant Irza ; ils sortent.

SCENE XXIII.

Zamore applaudit Irza de son stratagême ; elle fait sortir Amazis et sa famille , avec les arabes des deux sexes , et se dispose à les faire partir.

SCENE XXIV.

Azaka , chef nègre , entre , écoute leur complot, et sort en indiquant qu'il va chercher du secours.

SCENE XXV.

Zamore et Irza remarquent qu'ils leur faut d'autres habits ; ils indiquent que les femmes arabes vont leur en donner : elle dit à Zamore de toujours faire le guêt; elle emmène la famille d'Amazis sur une montagne ; les éthiopiens et les arabes forment un groupe. Zamore , Irza , Amazis et sa famille se déguisent ; ils reparoissent sur la scène; ils veulent récompenser les arabes avec de l'or , tous le refusent ; ils se quittent avec douleur. Amazis et sa femme prennent l'enfant par la main et vont sortir.

SCENE XXVI.   .

Azaka tire un coup de pistolet et s'élance , avec trois autres , sur Zamore et Amazis. Les femmes et l'enfant, plusieurs fois en danger , se retirent derrière un arbre , en invoquant le ciel. Amazis et Zamore en mettent deux hors de combat d'un coup de pistolet ; ils se battent contre les autres à toute outrance ; ils les désarment : l'un s'enfuit, l'autre demande grace ; on lui fait baisser les yeux à terre , en le menaçant de le tuer s'il ose retourner la tête ; Zamore et Amazis prennent les sabres des arabes ; Zamore indique la retraite : Irza lie la petite fille sur son dos, à la façon des négresses ; ils gravissent les montagnes, et couchent en joue le soldat nègre ; ils défilent avec mystère et à grands pas.

FIN DU SECOND ACTE.

ACTE TROISIÈME.

*Le théâtre représente une suite d'affreux rochers,
couronnés par un Vésuve, qui, par intervalle,
vomit des flammes.*

SCÈNE PREMIÈRE.

Osman paroît avec plusieurs de son parti ; il leur indique
que l'un d'eux doit entrer dans une caverne, et les autres se
dispersent pour être prêts à exécuter ses ordres. Il frappe sur
un rocher, une inscription paroît, portant ces mots : L'ART
SECONDE ICI LA NATURE.

SCENE II.

Chacun se retire, la peuplade arrive, et Osman demande
aux chefs ce qu'est devenu Amazis. — Le chef répond qu'il
n'en sait rien. Osman le menace de la fureur des cieux Le tems
se couvre, le tonnerre gronde, des flammes sortent de la caverne, le peuple est effrayé, et un monstre épouvantable des-
cend des rochers, portant cette légende : EXTERMINEZ
AMAZIS, OU LES TOMBEAUX VONT VOUS
ENGLOUTIR ! — Le monstre disparoît — Le ciel reprend
sa sérénité Les chefs de la peuplade prêtent serment entre
les mains d'Osman, qui leur montre la route qu'ils doivent
prendre à travers les rochers. Ozéime se retire dans sa caverne, en témoignant sa joie.

SCENE III.

Zamore, Irza, et la famille d'Amazis paroissent sur le haut
des montagnes ; ils se fraient un passage à travers les épines
et les branchages ; Zamore marche le premier ; il se fait une
espèce d'ouverture avec son sabre ; les femmes l'aident : l'enfant passe ; tous se courbent, et marquent les plus grands ef-

forts, en se traînant et en se relevant; les feuillages re-
prennent de suite leur première position.

SCENE IV.

Ils arrivent dans la plaine : ils sont accablés de fatigues.

SCENE V.

Zamore et Amazis cassent de petites branches, et font un
lit de feuillage. Azaka, du parti d'Evogare, les aperçoit du
haut d'un rocher, et se retire.

SCENE VI.

La soif les tourmente, Amazis et Zamore cherchent et
trouvent une source d'eau, en détournant des ronces ; Amazis
appelle sa famille ; l'enfant porte de l'eau dans ses mains à
sa mère ; les autres se désaltèrent. (*Tableau.*)

SCENE VII.

Amazis engage les femmes et les enfans à se reposer ; il engage aussi Zamore à se livrer au sommeil. Zamore s'y refuse ;
tous deux contemplent avec attendrissement les personnages
endormis.

SCENE VIII.

Bruit sourd et lointain de tambour ; inquiétude de Zamore
et d'Amazis ; Zamore met son oreille près de la terre : il ras-
sure son maître ; il monte sur un arbre, regarde dans le lointain et dit à Amazis que l'ennemi s'avance.

Celui-ci veut éveiller les femmes et l'enfant ; Zamore l'en
empêche. Il coupe des branches d'arbre et couvre de feuillages les femmes et l'enfant, qui reposent au milieu d'une
touffe d'arbres.

Tous deux montent ensuite sur un des arbres ; ils sont ar-
més de leur sabre.

SCENE IX.

Evogare arrive avec son armée ; Osman l'accompagne. Ils

sont précédés de l'officier arabe qui a été mis en fuite au deuxième acte Ils cherchent de tous côtés, Evogare s'avance vers le monceau de feuillages ; Amazis est prêt de crier ; Zamore lui met la main sur la bouche ; Evogare a presque mis le pied sur le corps de l'enfant.

On entend une marche guerrière dans le lointain. (*Tableau.*)

SCENE X.

Evogare revient sur ses pas : il dispose sa troupe et sort.

SCENE XI.

Zamore et Amazis descendent des arbres. Ils éveillent les femmes et l'enfant. Ceux-ci marquent leur étonnement de se trouver ensemble sous des feuillages ; ils vont pour sortir.

Tout-à-coup un détachement de persans se présente à Amazis, lequel se fait connoître. Joie générale. Amazis donne ordre à un peloton de conduire les femmes et l'enfant dans une habitation ; Zamore et Amazis se mettent à la tête d'un peloton et marchent.

SCENE XII ET DERNIÈRE.

Les arabes paroissent de divers côtés. Combat. Ils sont repoussés ; mais, en fuyant, une partie entre dans l'habitation ; les persans se sauvent, d'autres fuient sur la montagne. En même tems Zamore se bat ; Osman et Evogare sont prêts d'être vaincus ; mais Osman montre la caverne : les gardes qui le combattoient se retirent ; mais bientôt excités par Zamore et Irza, ils continuent à presser vivement les troupes d'Evogare et d'Osman.

L'enfant est arraché des bras d'Ozéime, et ils sont conduits chacun sur un rocher. Plusieurs groupes de combattans sont distribués sur les autres rochers. Osman, désespéré, va donner le signal. Les persans l'implorent en vain ; il frappe sur le volcan. A l'instant le volcan fait éruption ; des laves tombent de tous côtés, des torrens de feu découlent sur les rochers, les arbres, les montagnes tremblent ; l'enfant veut se tenir accroché après une branche d'arbre qui se brise ; tout s'abîme et s'engloutit au bruit du tonnerre. Les persans sont prosternés ; des nuages épais couvrent le théâtre ; ils se lèvent et laissent voir un palais délicieux ; au fond le temple du bonheur. Irza, Zamore, Ozéime, Amazis et l'enfant sont réunis au milieu des deux peuples. — Zamore et Irza sont couronnés.

(Divertissement général.)

FIN.